涙では終わらせない

保育園民営化——当事者の証言

ひとなる書房編集部　編

はじめに

保育園の民営化の動きは依然としてその勢いを失っていません。むしろ、ほうんネット（公立保育園民営化問題　保護者の運動交流ネットワーク）での各地からの情報をみると、たとえば毎年二園ずつ五年間で一〇園を民営化、というように、公立直営園の比率を大きく変更させるような民営化案がいくつもの市や区で出されているように思います。その意味では一つひとつの園の民営化について慎重にその是非の協議を重ねていた段階から一段さらに進んだ感さえあります。

本書は、民営化問題にかかわった当事者の方々三名の手記で編まれています。

第一章は東京都練馬区の区立保育園保護者ＯＢのお父さんです。保護者の大きな反対と危惧を無視し、異例の年度途中の委託を強行し、その結果、区自身が受託事業者であるピジョン株式会社に対し、数度の改善勧告を出すという混乱を招いた光が丘第八保育園の運営委託に関して、その契約の違法性についての住民訴訟を起こした原告のお一人です。本書はそのお父さんの裁判所への意見陳述書を読んで企画がはじまりました。なぜ、自分の子が通っている園でもないのに、大きな労力を払って裁判に訴えたのか。親としてゆずれない、その思いをぜひお読みください。

第二章は長年地域からも親たちからも頼りにされ愛されてきた園を民営化された元園長さんの証言です。ご本人も含め職員の方々にとって一番せつなくつらいことは、子どもたちの「なぜ先生たちが変わらなくてはならないの」という訴えにきちんと説明できず、納得なきままにわかれなくてはならなかったことです。子どもたち一人ひとりに与えたショックはじつにさまざまで深く大きいことを、改めて私たちは検証し、子どもたちへの責任をしっかりはたすべきだと訴えています。

そして、三人目は民営化が避けられなくなった中、親たちの要望にこたえて受託の手をあげた園長さんの証言です。親たちの要望があったとはいえ、すべてがマイナスからの出発の中で、この間血のにじみでるような努力を職員みんなで重ねながら、一歩一歩子どもたちや保護者たちの信頼を得、保育をすすめてきた過程と課題を書いてくださいました。

私たちは、いま民営化問題を語り、さらに多くの方々に考えてもらうためには当事者の方々の生の思い、苦労をお互いに知ることが何よりたいせつだと考えこの本を企画しました。

「民営化の本質とは?」「何が失われ、何をこそ守るべきなのか?」この本に書かれている三人の証言をお読みいただき、今一度考え、語りあっていただければ幸いです。(編集部)

涙では終わらせない ● もくじ

＊表紙及び本文中の写真は、本文とは関係ありません。

第一章　なぜ、僕が裁判を起こしたのか

本件訴訟（＊）を提起した理由についての陳述書

二〇〇七年七月二十五日

笠　本　丘　生（かさもと　たかお）

僕は、練馬区立栄町保育園の保護者です。長女の広海（ひろみ）がこの園を今春卒園し、現在は次女の樹（いつき）が通っています。光が丘第八保育園の保護者でもなければ、過去に在籍したこともありません。その僕が本件訴訟を提起した理由は、「自分が練馬区内で子

育てをする親だから」という一言につきます。どういうことなのか、以下に陳述いたします。

＊練馬の保育園民営化裁判とは

練馬区長がピジョン株式会社と締結した光が丘第八保育園の運営業務委託契約は違法であり、これにもとづく公金の支出は練馬区財政に損害を与えたことになるとして、区長らに対し、平成一七年度までの委託料相当額約三億二〇〇〇万円を区に返還するよう求めている裁判です。

前代未聞の年度途中での委託化をはじめとする、拙速かつ乱暴な計画立案とその強行、選定委員会の「該当なし」という結論を無視してむりやりピジョンを選んだ行為、その後の園の混乱など、区長の行為の違法性を総合的に争っています。

地方自治法上の「住民訴訟」という制度を使って提起されました。オンブズマンと呼ばれる人たちが「議員が政務調査費を私的に流用した」などの理由で裁判を起こす際によく使われます。制度の性質上、練馬区民であれば誰でも提起できる反面、訴えの内容は違法な公金の支出など、お金のことに限られます。

原告両名は光が丘第八保育園の保護者ではないことから、訴えを起こすには、この制度を使うほかに道がありませんでした。

1. わが子が生まれて

まず、自分自身の子育て体験と、それを通しての心の変化について触れたいと思います。長女・広海が生まれるまでは、僕はどちらかというと、子ども嫌いのほうでした。ところ構わずはしゃぎ回るし、ビービー泣いてうるさいし、言葉で諭（さと）そうとしてもわからないし、とにかく子どもが苦手でした。いろんな経緯をへて、広海が生まれたのが二〇〇〇年五月二八日早朝でした。陣痛が始まってから二六時間後の出産でした。保育器の中のわが子と初めて対面した時も、周囲は「目元や口元が父親に似ている」などと言うのですが、僕はどうも実感がわかず、ただオロオロと不思議な感覚で見つめているだけだったことを憶えています。

その日の夜、僕は初めて広海を抱きかかえました。体重二五二〇グラム。自分の肘（ひじ）から指先にすっぽり収まりそうな小さな体は、思いのほか軽く感じました。僕は自分の指を、広海に握らせました。僕の小指を何とか握れるくらいの小さい手でした。その小さな手が僕の小指を握り返した時の力強さは、僕自身が驚きました。こんなに力があるのか。この子は生きてる。この瞬間が、僕が少しずつ親になりはじめるスタートラインとなりました。

大変だったのは、それからです。広海はひたすら泣き続ける子でした。昼夜を問わず、二時間おきに突然泣き出します。そのたびに僕たち親は目を覚まし、授乳し、オムツを確認し、あやして寝かしつけます。三ヶ月か四ヶ月ころからは、抱っこされていないと眠らなくなりました。すでに三〇〇〇〜四〇〇〇グラムになった広海を一時間抱きかかえてあやし続け、寝つかせました。やっと寝ついたと思って布団に置くと、ハッと目を覚ましてまた泣きじゃくるということを、毎日毎日、何度も何度も繰り返しました。とにかく抱っこしていないと寝てくれないので、僕が広海を抱いたまま、壁に寄りかかって寝たこともありました。

ある日、広海があまりにひどく泣き狂ったことがありました。オムツでもないミルクでもない、とにかく原因がわからずオロオロしていると、広海が突然ひきつけを起こしたように目を向き、顔をブルブル震わせました。それは数秒で収まったのですが、夫婦ともにびっくりし、慌てて救急車を呼んでしまいました。一応日大板橋病院に搬送されましたが、けっきょく何の異状も見つからず、注意を受けたこともありました。

◆

六ヶ月を過ぎるくらいになると、寝かしつけのため、僕が広海をおぶって夜の住宅街を散歩するようになりました。そうすると子どもが落ち着き、三〇分くらいで寝ることが徐々にわかってきたからです。すでに秋から冬になりつつあったので、広海が風邪を引かぬよう、毛布をかぶせ、厚手のママコートを着込んで散歩しました。雨の日は、六畳の寝室の中を、寝つくまでグルグル歩き回りました。

夜中の二時に突然激しく泣き出し、何をしても収まらないことがありました。その時も僕は、おぶって外に連れ出し、あやしました。寝つくまで二時間半かかりました。その間じゅう、僕は人気のない住宅街をとぼとぼ歩き続けました。翌朝からの仕事に遅れてはいけないので、その日は寝ずに仕事に出ました。

僕がどんなにあやしても広海が泣き止まない時は、母親が授乳しました。おっぱいを咥(くわ)えていると安心するのか、広海はピタリと泣き止みました。泣き止むのはいいのですが、広海は一度咥えたおっぱいを、なかなか離そうとしませんでした。じきにスヤスヤ眠りに入ったところでおっぱいを離そうとすると、とたんに目を覚まして泣き出します。そのたびに母親は添い寝し、おっぱいを咥えさせていました。

当時の母親は大学の助手でした。勤務時間の自由度は高い一方で、任期期間中に一定本数の論文を仕上げたり、研究テーマに沿ったシンポジウムを開くなどの活動実績を大学から求められていました。そのため、深夜までパソコンに向かう日々が毎日のように続いていました。広海が泣くと僕があやしに行き、それでも収まらなければ母親が授乳して、寝付いた後に再び仕事に戻るということを、一晩に何回も何回も繰り返していました。

広海が七〜八ヶ月くらいになった頃、下顎（したあご）に前歯が二本生え始めました。まだ母親のおっぱいが恋しい時期ですので、広海は泣くたびにおっぱいを求め、母親はそれに応じました。ある日、母親が授乳中、断末魔のような悲鳴を上げました。びっくりしてようすを見に行くと、幼い乳歯が生えた顎で、広海が母親の乳首を思い切り噛みついたらしいのです。同じことは、その後も何度も起こりました。そのたび母親は、苦痛に顔をゆがめ、乳首に血をにじませながら授乳を続けました。

◆

生後一〇ヶ月に達した頃、広海に奇妙な症状が現れました。突然目をむき、顔面の筋肉が左右に引っ張られたようにひきつり、両腕をガッツポーズのような形をとりながら、顔を左右にブルブルと震わせるのです。それは数秒で収まったのですが、その後同じ症状を幾度となく繰り返しました。

近所のかかりつけ医の紹介で、母親は日大光が丘病院で広海を受診させました。その結果、

「癲癇（てんかん）の疑いがある」と診断され、その日から検査入院することになりました。

　僕がそのことを知ったのは、同日夜七時半ごろ、帰宅後に留守番電話を聞いたときでした。メッセージには事実経過に加えて「至急来てほしい」と残されていました。僕は大急ぎで病院に向かおうと思って面会時刻を調べたところ、面会は午後八時までに制限されていました。今からでは間に合わないと思い、その日の面会は断念しました。入院中なので、連絡を取ることもできませんでした。病院に行けたのは、結局次の日の夜、僕が仕事を終えたあとでした。

　病室に入るやいなや、僕は母親にさんざん責められました。「どうしてすぐに来てくれなかったのか」と言うのです。僕は事情を説明しましたが、母親は納得しませんでした。隣のベッドでは、お父さんが夜九時まで見舞いに来ていたとか、自分がどれだけ大変な思いをしたかとか、矢継ぎ早に責め立てられました。そして母親は最後に一筋涙を流し「一人で寂しかった。心細かった」とポツリと言いました。

　母親は、思いがけない診断に戸惑い、混乱しながらも身支度を整え、入院手続きをして、広海と二人きりで病室での一夜を過ごしました。僕は、彼女ならこれくらいは一人で十分できるという一応の信頼を寄せていましたし、実際にそれをやり遂げました。しかし、胸の奥底に積もるばかりの不安感を、すくい取ってほしかったのだと思いました。僕は母親の叱責に対して、一言も返す言葉がありませんでした。

検査入院の結果は、癲癇だと断定できる症状ではないが、疑わしいことには変わりはないというものでした。しばらく最悪の事態を想定した治療を続けましたが、専門病院で検査してもらったところ、「身震い発作」といって乳幼児に見られる現象だということがわかりました。癲癇とは明らかに異なり、自然に収まるので心配ないと診断され、僕も母親も胸をなでおろしました。

ほかにも、粉ミルクを飲みたがらないとか、気管支炎をきっかけに小児喘息を発症したこととか、苦労話を上げれば切りがありませんので、ここでは控えます。正直、なんで自分たちがこんなに苦労しなきゃいけないんだと、何度も思いました。いい加減にしろと、一歳にも満たない広海を怒鳴りつけてしまったこともありました。

でも、広海が無邪気ににこりと笑った瞬間、僕ら夫婦は何物にも代えがたい幸福感を得ることができました。昔勤めていた会社で、自分の仕事が評価された時も、自分の作った社内報の記事が全国のコンペで一二位に入賞した時も、確かに嬉しかったのですが、そんなものよりも、広海が笑った瞬間の喜びのほうがはるかに大きいものでした。

僕は、子どもというのは、一〇〇倍の苦労と引き換えに、一〇〇〇倍の幸福をくれるものだと実感するようになっていました。

そういう経験を積んでいくうちに、僕はいつの間にか、街角で見かける名前も知らない赤ちゃんたちとその親たちに、共感を覚えるようになりました。この親たちもきっと僕と同じような思いをしてこの子を育てているんだ、この子もきっと親や周囲の大人たちに、一〇〇倍の苦労と一〇〇〇倍の幸福を与えているんだ。そう思うと、他人事だけども他人事とは思えないし、その子に対しても自分の子と同じような愛情をついつい感じずにはいられなくなっていました。

2. 無認可園での経験

仕事の関係があって、生後六ヶ月くらいから、広海を保育園に預けるようになりました。自宅近くにある認可外の保育園でした。公立の多くは八ヶ月からの受け入れなので、広海はまだ入れません。一方で、私立認可園や無認可園もなかなか空きがありませんでした。最後にたどり着いたこの園で、園長先生が「ウチも限界に近いんだけど……」と言いながら無理して受け入れてくれたのです。

◆

そこには、0歳児がすでに一五名ほどいました。0歳児クラスは、園の大部屋をアコーディオンカーテンで仕切って作った一角で、一二〜一四畳くらいの細長いスペースだったと記憶しています。陽は当たらず、いつも夜のような雰囲気でした。この狭く薄暗いスペースで、一五名の子どもたちを受け持っていた保育士は三名でした。彼女たちは、いつもせわしないようすでした。子どもが泣いていたりすると、「ハイハイどうしたの？」と面倒くさそうに相手をしてやったり、ときには「静かにしなさーい」と大声を上げていたりしました。

保護者面談だったと記憶しているのですが、お昼寝時に保育園を訪れたことがあります。保育士たちが子どもを寝かしつけている最中でした。どういう寝かしつけ方かというと、子どもをうつ伏せに寝かせ、掌（てのひら）で背中を思い切り叩くのです。あまりの力の入れように、僕はびっくりしてしまいました。背中を叩かれるたびに子どもがカクンカクンと寝入ってしまうのには、もっと驚きましたが。どうやら子どもを短時間で寝かしつける裏技みたいなものがあり、叩き方にもコツがあるようです。

別のクラスで、親が出勤のため出ていくと、ひたすら「お母さん、お母さん」と泣き続ける子を見かけたことがありました。ウチの子の担任が、「初めての登園なんですよ」と教えてくれました。その子は見慣れぬ環境に戸惑い、混乱し、親がいなくなる寂しさから泣き狂っていたのだろうと思うのですが、保育士は誰一人としてつかず、その子は放ったらかしにされていました。

僕は、保育園というのはこういうものなんだと思っていました。子どもを一人育てるのも大変なのに、三人で一六人もの面倒を見るのはもっと大変だろう、だからつい大声をあげたくなる気持ちもわかるし、施設だって都会にあるんだから狭くても暗くても仕方ない。初めての登園で子どもが泣いていても、じきに慣れるからと放っておくのも、経験ゆえのことだろう。世の中すべての保育園が、だいたいこんなものだろうと思い込んでいました。栄町保育園に転園するまでは。

3．区立保育園への転園

広海が栄町保育園に入園したのは、二〇〇一年四月でした。無認可園の保育料を負担に感じ、区立園へ入園申請していたのが認められたものです。入ってみると、びっくりすることばかりでした。まず施設。鉄筋コンクリートの建物は古びているものの、中は清潔で広々としていて、大きな南向きの窓から日光が燦々（さんさん）と注ぎ込んでいました。部屋と同じくらいの広さのベランダがあり、そこで外遊びができるようになっていました。夏にはそこで水遊びもしていました。そのベランダからは、非常時の脱出用に使う滑り台が、園庭に向かって伸びていました。

０歳児クラスの定員九名に対し、担任の保育士は三名で、その他に補助者がついていました。この部屋を九人の子どもで使えるなら余裕があるし、保育士も三名いれば、せわしくなることもありません。子どもたちも落ち着いて過ごすことができます。

保護者会などの機会に、栄町の保育のようすを見学したことがあります。子どもたちは一人ずつ保育士に抱きかかえられ、優しく声をかけられながら集中してミルクを飲んでいました。授乳という営みは、ただ単にミルクを与えればいいというものではなく、ミルクと同時にたっぷりの愛情を与えるのだということを、僕は栄町の保育を通じて知りました。

子どもの寝かしつけにしても、静かで落ち着いた雰囲気の中、保育士たちに耳の裏を優しくさすられているうちに、みんなスーッと寝入っていきました。保護者会で、僕が無認可園で見た背中を叩きつける寝かせ方の話をすると、担任の先生たちは「そんなことしなくても

耳の裏カイカイしてれば、だいたい寝てくれるんですけどねぇ」と、一様に驚いたようすでした。単純に耳の裏をなでるという小手先のテクニックではなく、園全体の雰囲気が子どもたちを落ち着かせ、遊びや保育士とのコミュニケーションに集中できるようになっていたのだろうと思います。大人の都合などお構いなしに無条件の愛情を求める年頃ですから、その子たちにきちんと対応するのに必要な人員が配置されていて、抱っこやおんぶなどの触れ合いを通して十分な愛情を感じるからこそ、子どもたちも不安を感じることなく落ち着いてくるのだろうと思います。

保育とはこういうことなのか、今まで自分が保育と思い込んでいたのは、何だったのか。そう気付かされたのは、栄町に来てからです。

◆

また、子どもが成長していくにつれ、その度合いに応じた子育ての悩みというものが出てきます。1歳くらいだったら、他の子はみんな歩けるようになってるのに、ウチの子だけまだなのは、発育が遅いんじゃないかとか、2歳くらいからわがままがひどくなって困っているとか、食事の好き嫌いが激しいとか、乱暴ですぐ手が出てしまうとか、その内容はさまざまです。そんなとき、どうしたらいいでしょうと相談できるのも、保育園ならではです。

「歩き始めるのがちょっと遅くなっても、この年頃ならあまり気にすることではないですよ」とか、「2歳くらいは自我が芽生える年頃ですから、この子の場合はあまり叱り付けないでこうしてみたらどうですか」とか、子どもたちの発育段階を踏まえながら、その子の性格や個性も考慮して、アドバイスをくれたりします。ささいなことのように思われるかもしれませんが、子育てに戸惑い、迷い、どうしていいかわからなくなってしまった親には、経験豊かな保育士さんの一言というのが、すごく励みになったり、参考になったりします。トイレトレーニングを始めるタイミングひとつをとっても、親だけだとなかなか判断しづらいところがありますが、保育士さんと相談しながら進めると、親としてはすごく心強く思うものです。

◆

4歳児クラスや5歳児クラスになると、言葉が達者になり、きちんと自己主張ができたり、相手の言うことを聞き、理解できるようになります。広海が5歳児クラスに進級したある日、僕がお迎えに行くと、広海とお友だちのなっちゃんが激しく口論している場面に出くわしました。どうやら、おもちゃの取り合いが原因のようでした。二人とも目にいっぱいの涙を浮かべながら、自分の主張を懸命にぶつけ合っていました。「どうしたの?」と僕が割って入ったのですが、ケンカはいっこうに収まりません。

そこへ、「遅くなってすみません」と恐縮しながら、保育士さんが仲裁に入ってくれました。保育士さんは、絡み合った糸を一本一本ほどいていくように、じっくり二人の主張に耳を傾けていました。二人の話を総合すると、広海が、遊んでいたおもちゃを何かに気をとられて放置したわずかの間に、なっちゃんがだれも使っていないと思って、それで遊び始めてしまったようです。

保育士さんは「放置した広海が悪い」とか「断りもなく取ったなっちゃんが悪い」とか、いっさい言いませんでした。「ちょっと置いておいたおもちゃを取られた広海ちゃんは、どう思うかなぁ」とか、「広海ちゃんが使ってたなんて知らなかったのに、広海ちゃんに怒られて、なっちゃんはどう思うかなぁ」とか、お互いの気持ちに思いを馳せる方向に、話を持っていきました。

二人はしだいに落ち着きを取り戻し、仲直りができました。

保育士さんはその間じゅう、二人の間にしゃがみ、両手を二人の背中に回し、目線を二人よりも下げて、上から威圧するような話し方にならないよう気を配っているようすでした。

そして何より、どちらが悪かったかを追及するのでなく、凝り固まった二人の心を解きほぐ

すことを念頭に置いた対応が、印象に残りました。

わが家でも姉妹がよくケンカをします。僕なんかは、つい「お姉ちゃんが悪い！」と決めつけてしまうことが多いのですが、悪いと決めつけられたほうの心に残るであろうわだかまりまでは、考えたことがありませんでした。先に述べた検査入院のときに母親が発した一言もそうですが、理屈や論理よりも、心をすくい取ることがたいせつなんだと学んだ気がします。

◆

広海のクラスには、かっくんという男の子がいました。身体が他の子より二回りほど小さく、分厚いめがねをかけ、「アー、アー」としか言葉を発することができませんでした。確認したわけではありませんが、表情から察しても、おそらくダウン症だったのだろうと思います。とても人懐こくて、僕が広海のお迎えに行くと、必ず寄ってきてくれました。笑顔には一片の曇りもなくて、とっても可愛い子でした。かっくんは、お散歩の時も運動会の時も、その他の行事の時も、いつも他のみんなといっしょに過ごしていました。

卒園式での出来事です。式場は、遊び慣れた5歳児クラスの部屋に淡い色のカーテンを張り、手作りのモールなどを飾りつけてセッティングされていて、可愛らしくも厳（おごそ）

かな雰囲気でした。横一列に並べられた二七の小さな椅子に、子どもたちがしおらしくチョコンと座っていました。

園長先生が子どもの名前を呼び、「あなたは保育園でいっぱい遊びました」と記された修了証を一人ひとりに手渡しました。名前を呼ばれた子どもたちは、前に進み出てペコリとお辞儀をし、両手でそれを受け取りました。そして、自分の席に戻る間に振り返り、園長先生や保護者席に向かって、大きな声で将来の夢を語りました。「女優さんになりたいです」「サッカー選手になりたいです」。なかには「セブンイレブンの人になりたいです」という子もいました。広海は元気に「お花屋さんになりたいです」と言いました。

順番が進み、最後にかっくんの番になりました。かっくんも他の子と同じように修了証を受け取り、自分の席に戻る途中で振り返りました。言葉を持たないかっくんがどうするのだろうと、一瞬不安に思いました。すると、後ろに並んでいた他の二六人の子どもたちがいっせいに声を揃えて、かっくんの代わりに言ってあげたのです。「おまわりさんになりたいです」。

この一瞬のために、子どもたちは相応の準備をしたはずです。「ここで大きくなったらなりたいものを言おうね」「じゃあ、かっくんはどうするの？」「どうしたらいいと思う？」といった感じで、みんなで話し合ったのだろうと思います。そして、みんなで代わりに言ってあげようという結論を出したのだと思います。身振り手振りや絵を指差してもらったりしながら、かっくんが大きくなったらなりたいと思うものを把握しようと努めたのだと思います。

「おまわりさんになりたいです」は、そういう子どもたちの創意工夫や努力、その根底にある優しい心が結実し、燦然（さんぜん）ときらめいた瞬間のように僕には見えました。

広海が0歳児クラスに入園し、よちよち歩きを始めてから、この日までの六年間、いろんなことがありました。思いが通らずに泣き狂ったりお友だちとケンカしたり、病気になったりおしっこを漏らしたり。そのたびごとに、僕たち親はずいぶんと振り回されてきたように思います。その広海が、そしてお友だちのみんなが、いつの間にかこんなに素敵なお兄さんお姉さんになっていたのかと、驚かされました。

僕はかっくんに「この子たちに優しさをくれて、ありがとう」と言いたいと思いました。そして、それを支えた保育士さんたちに「この子たちをこんなに優しい子に育ててくれて、ありがとう」と言いたいと思いました。栄町保育園に子どもを預けて、ほんとうによかったと思います。

広海が通った六年間、僕は保育園といっしょに子育てしてきたんだと実感しています。そして僕自身、親として、保育園に育てられたように思います。

子どもを育てるのは、想像以上に大変で、そして何よりも有意義で、極めて人間的な営みです。子どもと親と保育園とは、そういう営みを通じて、お互いに悩み、ぶつかり合い、喜び合いながら、いっしょに育っていくものです。

そんな文化の中で自分自身が育てられたと思えるから、なおのこと、僕は広海と同じクラスのお友だちたちも、自分の子どものように愛（いと）おしく思えたし、他のクラスの名前も知らないお友だちも同じようにかわいく思えるのだと思います。

保育園とは、そういうところです。

4．民間委託問題にかかわるようになった理由

二〇〇四年夏、僕が帰省先から戻ってきたら、練馬じゅうが大騒ぎになっていました。いつもお世話になっている保育士さんたちが、園の入り口前でビラ配りをしていたあの一件、つまり保育園の民間委託問題で、委託される三園の名前が明らかになっていたからです。な

かでも、翌年の四月からという計画に挙げられた光が丘第八保育園では、危機感の高まりは相当なもののようでした。

民間委託という施策がいいとか悪いとか評価できるような知識も見識もありませんでしたが、自分の子どもと同じように愛情を注がれて育っているであろう光八の子どもたちが、何かとんでもないことに巻き込まれつつあるということだけは感じていました。

とくに妙案を持ち合わせているわけではなかったのですが、とにかく現場を知らなきゃ話にならないと、僕は練馬区主催の説明会に足を運んだり、光八の協議会を傍聴するようになりました。協議会では、時には怒号が飛び交う険悪な雰囲気の中で、光八のお父さんたちと行政担当者とが協議を続けていました。このお父さんたちは、交渉の準備のため、光が丘のファミリーレストランに毎週集まり、深夜まで激論を交わしたといいます。保育の質の中身を把握しようと、園に依頼し、保育士たちが一日にどのような作業をしたのか、事細かくリストアップしたこともあるそうです。他の自治体の事例を調べ上げ、公募基準や選定基準など必要な協議事項の保護者案を練り上げ、行政とギリギリの交渉をしてきたのです。事務の七割くらいは保護者の手によるのではないかと言われているくらいです。それぞれが仕事を抱えながら、夜の食卓や休日など家族とのふれあいを犠牲にし、必死に取り組んできたものです。それが原因で家庭が崩壊しそうになったところもあると聞きます。僕は、彼らのやってきたことがその時々で妥当だったとは、必ずしも思っていません。ですが、それでも光八の子どもたちを何とかしようと懸命になる気持ちは、よくわかります。なぜなら、僕も親だからです。

◆

協議会会場の外では、必ず誰か、光八の子どもたちが遊んでいました。あるとき、僕が子どもを連れて光が丘図書館二階視聴覚室で開かれた協議会を傍聴に行ったとき、外で遊んでいた光八の女の子とお友だちになりました。広海よりも一歳年下の、さっちゃんという女の子でした。広海と樹（いつき）は、すぐにさっちゃんとお友だちになり、会場そばの吹き抜けの小さなコンコースではしゃぎまわっていました。防音措置が施されている図書館の内部にも、その黄色い声が届いたらしく、図書館の職員から注意されるほどのはしゃぎようでした。

光八のみーちゃんともお友だちになりました。広海よりひとつ年上の女の子で、とても人懐っこい子でした。「かさもとサンかさもとサン」と僕に抱きついてくるし、母親の目を盗んで、保育課長におねだりしてアイスを買ってもらったりするような子でした。広海ともすぐにお友だちになり、その後いろんなところで会って遊ぶようになりました。

会場入り口のすぐ外で、ベビーカーに数ヶ月くらいの赤ちゃんを寝かしつけながら、中のようすを心配そうにうかがう母親にも会いました。

光八は、保護者たちの反対を押し切る形で年度途中の委託化を強行され、ピジョン株式会社が運営主体となり、保育士が次々と辞めていくなどの事態が生じたわけですが、そんな混乱の中、あの時出会った子どもたちはどうなったのか、気がかりでなりませんでした。

さっちゃんやみーちゃんは、ヒステリックな口調で頭ごなしに叱られていないか。保育士の不注意から、しなくてもいいケガをしていないか。何の不安もなく、落ち着いて日常を過ごせているのか。心を思う存分開放して遊べているのか。

あの時見かけた赤ちゃんは、愛情をいっぱい感じながら落ち着いてミルクを飲めているのか、言葉を操れぬ赤ちゃんは、自分の伝えたいことを保育士さんにわかってもらっているのか。

自分の子どもを心配するのと同じように、さっちゃんやみーちゃん、ベビーカーの赤ちゃんのことが心配でした。なぜなら、僕も親だからです。

5．民間委託の中で考えたこと

保育園の運営主体を変えるというのは、それ自体が大きなリスクです。公立から私立へ変える場合でも、私立から公立へ変えるのも、そして光八のように公立のまま運営主体だけ変えるのも、その点はまったく同じです。保育園に通う子どもたちは、人生最初の六年間、多くの時間をそこで過ごしています。人生でもっともデリケートで、もっとも抵抗力が弱く、反面もっとも成長が早く、それゆえもっとも細心の注意を払って対処せねばならない時期です。一二五人の定員だったら、一二五通りの個性があります。この子は怒るとすぐに手が出てしまうとか、ささいな一言で傷ついてしまう繊細な性格だとか、この食材に対するアレルギーを持っているとか、小児喘息の病歴があって季節の変わり目には注意が必要だとか、そういう子ども一人ひとりの特性や注意点、対応などを、一二五人分ていねいに引き継がなければなりません。それを怠ると、卵アレルギーであることを知らずに卵を与えてしまったなどの、重大な事故につながりかねないからです。

引き継がねばならないのは、それだけではありません。お散歩に行くのに適した公園はどこで、どういう道のりが安全なのか、地域との交流やプール、運動会、大きくなったね会といった諸行事をどのように行っているのかなど、個別具体的なことから、園運営全体にかかわるもろもろの事務まで、必要な作業はそれこそ膨大です。

そして何より、保育というのはチームワークです。ある保育士が「のぼり棒は危ないからダメ」と言い、別の保育士が「だいじょうぶだから登っていいよ」と言っていたのでは、子どもたちが混乱します。ケンカの仲裁にしろ日常の遊びや生活習慣にしろ、ひとつの保育理念の下で、保育士たちの意思統一がきちんとできていないと、その園全体の保育がバラバラになってしまいます。

保育というのはじつに奥深く、そしてその営みを支える保育士という職能は、極めて高度な専門性を有するものであることを、僕は知るようになりました。

保育園の民営化・委託化というのは、そういう高度な専門性に裏打ちされた、親子の情愛にも似た極めて人間的な関係性で成り立っている保育という営みを、ガラリと変えることを意味します。これまで公が担ってきた保育を民に委ねること自体、公の責任放棄だと評価することもできるでしょうが、どうしてもやる必要があるのなら、細心の注意を払って慎重に進めなければならないはずです。人格形成期の、人生でもっともデリケートな時期の子どもたちを扱う施設です。子どもたちに与える影響は、計り知れません。ところが被告（練馬区長）は「保育なんてしょせん子守りだ。時給八〇〇円レベルの仕事だ。誰がやっても同じだ」と言わんばかりの性急かつ乱暴な手法をもって、光八を含む三園の運営を民間に丸投げしてしまったのです。なかでも光八については、その手法の強引さは熾烈（しれつ）を極めました。一連の経緯を別表でまとめましたが、ざっと一読しただけでも、その経緯が異常であることが、おわかりいただけるはずです。

親たちが「一七年四月は物理的に間に合わないから、新しいスケジュールを出してください」と練馬区に求めると、その五日後に、区長の所信表明という協議の余地のない形で、しかも年度途中の九月からという、誰も予期しなかった計画が出てきました。

親たちが、公募を延期するよう求めるうちに、いつの間にか期間が実質一〇日になってしまいました。

なかでも、被告および練馬区の、親たちに対する大きな背信は、平成一七年六月二五日の合意違反です。この日、親たちと練馬区は、「適切な事業者が選定できなかった場合、スケジュールを含めて協議する」という内容の合意を文書で取り交わしていました。所信表明で年度途中からという計画が出てきた苦い経験を踏まえ、その後のスケジュールも協議対象として明記しようという趣旨でした。激しい交渉の末、盛り込まれた文言でした。翌日、選定委員会が「該当事業者なし」という結論を導きました。年度途中の九月からという困難な委託事業を、光八の保育水準を維持しながら短期間で成し遂げうる事業者は、応募した中にはいなかったというものです。

すると練馬区は、この結論を「選定に至らず」と言い換えて議会に報告し、マスコミに公表し、「該当なし」とされた事業者の中から、区独自の判断で選ぶ方針を決めてしまったのです。協議するとされていたスケジュールも、九月から準備委託、一二月から本格委託と、練馬区が一方的に定めてしまいました。協議会の席上、親たちから合意違反を指摘されると、「だから、こうやって協議をしているじゃないか」と強弁し、その一方で「このスケジュールは不退転」と、修正に応じるようすは一片たりとも見せませんでした。

区の選定手法も、常軌（じょうき）を逸していました。先の選定で厳しい評価を受けた部分を、改めて評価し直す、つまり落第点を合格点に書き直すというものでした。

そこまでされても、光八の親たちは、「子どもたちの最善の利益を確保する」を合言葉に、少しでもいい条件を勝ち取ろうと、歯を食いしばって協議を続けてきました。

そんな親たちの思いを、努力を蹂躙（じゅうりん）し、練馬区が無理やり選んだ事業者が、ピジョン株式会社です。先の選定で、「保育の質は高いか」という評価項目で、児童青少年部長を除く全員が厳しい評価を下した事業者でした。

その事業者が、委託後わずか四ヶ月で、職員の三分の一に当たる八名の保育士が退職するなどの混乱を招き、そのため在園児に深刻な影響が出てしまいました。選定の主要な評価項目であった園長も、ほぼ時を同じくして退職してしまいました。練馬区はその後、先の選定委員でピジョンの保育をもっとも厳しく評価していた人物を、光八の新園長に斡旋(あっせん)し、急場をしのいでいます。それでも平成一八年度に入っても保育士の退職が止まらず、練馬区は昨年(二〇〇六年)一二月五日に、ピジョンに対して文書で改善要請を発しています。しかもその事実は、親たちにもまったく知らされていませんでした。

僕は、これら一連の経過を、子どもに対する自分の愛情が土足で踏みにじられるような思いで見続けてきました。そうまでして、この委託を強行しなければならなかったのでしょうか。練馬区は、親たちに無用な負担を強い、その努力を踏みにじり、子どもたちとその親が直営時の保育士さんと築き上げてきた、愛情いっぱいの人間的な関係性をズタズタに引き裂き、子どもたちに深刻な影響を与えてきました。それほどの犠牲を払ってまで、この委託事業は必要だったのでしょうか。混乱の事実をひた隠しにしてでも、この契約を将来にわたって続けていくつもりなのでしょうか。

6. この裁判で判断してほしいこと

被告は、「委託化・民営化を進め、効率化を実現しつつサービスを向上させる」と、区立保育園を委託化する施策の正当性を、今なお一貫して主張し続けています。光八の場合、年間約五〇〇〇万円の経費節減になるとしています。保育園の運営経費のほとんどは、人件費です。しかし、直営だった当時の保育士が全員解雇されたわけではありません。練馬区財政総体としての人件費はたいして変動していないはずです。その一方で、年間二億二〇〇〇万円あまりの委託費が、別途発生しています。

光八を含む委託園で、一時保育や休日保育といった、新たな保育サービスが始まりました。利用実績は、練馬区の当初予想を大幅に下回っています。利用者一人のために、保育士や調理師など五名が休日出勤しなければならないという事態も発生しています。それでも事業者は、平日のシフトをやりくりし、委託費の範囲で対処しようと懸命の努力を続けています。

平成一八年四月から向山保育園の運営を受託した社会福祉法人多摩福祉会は、同園の保護者の「向山の子どもたちを助けてほしい」という悲痛な叫びに心を動かされ、困難な条件をおして受託に応じました。

同時期に石神井町つつじ保育園の運営を受託したＮＰＯ法人未来こどもランドは、「自分たちの子どもは自分たちで守る」と決意を固めた同園の保護者らが、自ら設立した法人です。園運営の実績がないことから、相当な困難を経験しながら必死の努力を続けています。

そして光八を受託したピジョン株式会社は、向山やつつじ以上に厳しい年度途中の委託という条件を受け、採用が困難な時期に無理をして採用をして保育士を寄せ集め、そして混乱を招いてしまいました。

いずれの園でも、各事業者なりに子どもたちへの影響を最小限に食い止めようと、懸命に努力しています。そもそも論を棚上げし、子どもたちを最優先に、被告の乱暴かつ強引な施策の尻拭い（しりぬぐい）をさせられているのです。

その一方で被告は、第三子以降の出産に二〇万円の助成金を支給するバラマキ政策のために年間一億二〇〇〇万円を予算計上し、仮称ふるさと文化館というバブル期的箱物行政に、一五億円の予算をつぎ込んでいます。

これが、被告の主張する行財政改革の現実の姿です。こんな不合理な、不条理な施策のために、光八の子どもたちは、親たちは、混乱の渦中に巻き込まれなければならなかったのです。そればかりか、被告は、その子どもたちや親たちの悲痛な叫びを、あたかも既得権益者のささいなわがままであるかのように吹聴し、突っぱね続けてきました。

被告には広範な裁量が認められるとしても、いくら何でもこれはひどすぎます。そんな状況を見るに見かね、僕は二〇〇六年三月三〇日、思いを同じくするもう一人の原告とともに、住民監査請求を行いました。監査結果は、練馬区の主張をそのまま代弁したような内容でした。僕は、このままで終わるわけにはいかないと思いました。練馬には、公設民営園四園を含め、六〇の公立保育園があります。そのそれぞれに、子どもたちが在園し、のびのびと遊んだり保育士との関係に満たされたりしています。この、ほんらい愛護されるべき練馬の子どもたちに、光八のような経験をさせたくない、そのためには、こんな施策は違法であり無効であると、司法に判断してもらうしかないと、僕は考えました。

子どもたちをここまで傷つけてでも、親たちをここまで苦しめてでも、保育園を民間委託する必要はあったのか。「行政改革」を唱えさえすれば、それが実態として経費節減に結びつかないものだったとしても、子どもたちの健やかな育ちを踏みにじることが許されるのか。そこまでの裁量が被告に認められるのか。

僕たちが裁判を起こしたのは、これらの判断を司法に求めるためです。

第五回の弁論までは代理人を立てられず、本人訴訟として争わざるを得ませんでした。ただでさえ難しいと言われる行政訴訟に、あまりに無謀だという批判を受けることもしばしばでしたし、僕自身もそう思っていました。でも、無謀だろうと何だろうと、こんな不条理を指をくわえて見過ごしたら、僕たちは親として、自分の子どもに、そして練馬の子どもたちに、顔向けができないと思ったのです。

裁判となるとまだまだ敷居が高いらしく、本件訴訟ではその敷居を越えたのは二名だけでした。ですが、われわれの背後には、練馬中の親たちの思いがあります。そして、公立保育園民営化に苦しむ全国の子どもたち、親たちの思いもまた、同じです。

さまざまな事情により、住民訴訟という形態をとらざるを得ませんでしたが、本件訴訟には、以上述べてきた親たちの思いが込められていることを、ご理解いただければと思います。

7. 新たな事態を受けての追記

そして今、本件訴訟の持つ意味は、それだけではなくなりました。練馬区が今年（二〇〇七年）の六月一八日、練馬区議会健康福祉委員会で、新たな委託計画を発表したからです。二〇〇九年度から八年の間に、毎年二園ずつ計一六園の区立園を委託するというもので、〇九年度、一〇年度に委託する四園の名称が含まれていました。

次の計画は、すでに委託された三園の検証を経た後に立案するというのが、練馬区の既定方針でした。その検証結果も同日に明かされました。内容は惨憺（さんたん）たるものでした。光八を含む混乱の原因が、事業者決定から引き継ぎまでの期間、そして引き継ぎ自体の期間が短すぎたことにあったと結論付けています。子どもたちにどんな影響が生じたのか、それはなぜなのか、どのように対処したのか、回復したのかどうかなど、子どもたちが受けた心の傷については、検証の対象にすらなっていませんでした。昨年（二〇〇六年）五月二〇日の第三三回対策協議会では、「個別に心を受け止めてあげねばならないお子さんが出てきているが、すぐに改善しないだろう」という報告が出されています。その子はどうしてそこまで心の傷を受けたのか、その後どうなったのか、このような子を今後生み出さないためにはどうすればいいのか、練馬区は全然検証していません。

委託園の保護者アンケートにしても、そもそも実施方法に問題があるのですが、それはさておき、この施策の問題点がにじみ出てくるような結果でした。「よくやっている」と現場の健闘を称える声もありましたし、「若い保育士が増えた」「安心して相談できない」などの声も寄せられています。ひとつだけ言えるのは、寄せられた一〇〇件前後の意見の中で「委託してよかった」というものは一件もなかったということです。

さらに言えば、練馬区はこの検証結果を議会に報告しただけで、保護者に対してはいっさい説明もしていません。

もっとも枢要な部分の検証を避け、それでもさまざまな問題点がにじみ出ている検証結果が出たのですから、ここで計画を一度凍結するのが普通です。そして再度詳細に検証し、問題の解消に全力を尽くすのが、行政としての責務のはずです。にもかかわらず、練馬区は「検証は終わった」として、新たな委託計画を同時発表してしまったのです。

一六園です。対象となる園児は、おそらく一五〇〇〜一六〇〇人になるでしょう。練馬区は、これだけの子どもたちを守ってくれるのでしょうか。子どもの視点に立った検証もできないのに、守れるわけがありません。では親たちが中心になって、ＮＰＯを一六法人立ち上げればいいのでしょうか。無理です。向山保育園のように優秀な法人に応募を懇願すればいいのでしょうか。これも無理です。このような緊急避難措置は、もはや限界に来ています。

公立保育園民営化の動きは全国に広がっていて、何年も前から優良な法人の奪い合いが続いています。たとえば毎年四園ずつ民営化している横浜では、すでに近隣の法人が足りなくなってきていて、宮崎や米沢の法人が受託する事態になっています。このような状況下で、どうやって一六もの優良法人を練馬に引っ張ってくればいいのでしょうか。

また、同じ法人が何度も何度も受託できるわけではありません。一園を受託すると、法人の園から人材をそうとう程度割（さ）いて受託園に回さねばなりません。確実に力は薄まります。その力を回復するには、何年も何年もかかるのです。

一方で全国の自治体は、そんな事情などお構いなしに、優良な法人がカバーできる限界をはるかに超えて、次々に公立園の民営化・委託化を続けています。その行き着く先を想像してみてください。練馬をはじめ全国の公立園が何十年もかけて培ってきた「保育」という専門的・人間的営みの壊滅的破壊、そしてブロイラーの鶏よろしく子どもたちを「飼育」するような保育の蔓延。われわれは、もうこの国で子どもを育てられなくなってしまうかも知れません。

練馬区は今、新たな暴走を始めました。止めなければなりません。そうしなければ、もはや練馬の子どもたちを守る道はありません。

本件訴訟は、光八の運営業務委託契約を対象にしたものです。練馬の保育園委託化計画全般を対象にしているわけではありません。しかし本件に対する司法の判断は、練馬の今後の計画および全国規模で広がっている保育園民営化の動向に、大きな影響を与えることは間違いありません。

本件訴訟はそういう意味を含んでいることを、合わせてご理解いただければと思います。

以上

＊本稿は、原告である著者・笠本が二〇〇七年七月二五日付で裁判所に提出した意見陳述書に、本書出版に当たって加筆修正したものです。

＊本稿の氏名の一部について仮名を使用しましたことをお断りいたします。

別表　練馬区立光が丘第八保育園（光八）委託化の経緯

2004. 8 .17　**光八を含む３園の委託化計画を、各園の保護者に通知。**光八については、この日から７ヶ月あまりでの委託化という計画。保護者らは一斉に反発した。

2004.12. 3　**練馬区は、この日に予定されていた公募を延期。**

2005. 2 . 5　**第１回光八民間委託対策協議会。**保護者側代表は、事実上無理になった当初スケジュールをどうするのか回答を迫り、練馬区は２月10 日までに伝えると約束した。

2005. 2 .10　**被告が所信表明演説の中で、光八を９月から全面委託する計画を発表。**保護者らに事前の通知もなかった。

2005. 4 .11　**プロポーザル公募開始。**22日まで。土日を除くと実質10日間。民間で保育の主力を担う社会福祉法人からの応募はなく、実績の乏しい株式会社５社のみが募集に応じた。

2005. 5 .17　**第１回選定委員会。**公募の有効性など、さまざまな問題点が指摘された。

2005. 5 .21　**第２回選定委員会。**再公募、追加公募など委員の提案を練馬区がことごとく拒否したことに抗議し、委員長が辞任を表明。

2005. 6 .25　**光八保護者代表と練馬区とが、適切な事業者が選定されなかった場合の対応について、文書で合意を交わす。**合意内容には、その後のスケジュールを含めて協議する旨の文言が盛り込まれた。被告の所信表明で年度途中の委託化計画を発表された苦い経験から、スケジュールを協議対象として明記する意図が、保護者側にはあった。

2005. 6 .26 **選定委員会が「該当なし」と結論。**

2005. 7 .11 **練馬区が議会に対し、「該当なし」との選定結果を「選定に至らず」と言い換えて報告。**保育行政に責任を持つ練馬区が、区の責任で判断するとの方針があわせて報告された。
有識者委員3名が記者会見。
真実の結論は「該当なし」であり、練馬区が主張する「選定に至らず」というのは誤りであることを公表し、練馬区の姿勢に警鐘を鳴らす。

2005. 7 .12 **練馬区が庁内で記者会見。**応募事業者には他区で実績のあるものが複数おり、誰もが納得する選定は可能だと主張。

2005. 7 .15 **練馬区が「選定会議」なる独自の事業者選定機関を庁内に設置。**

2005. 7 .19 **練馬区が光八保護者を対象に説明会。9月から準備委託、12月から本格委託する旨のスケジュールを含む区の方針を伝える。**職員を休日出勤させて説明会の案内を戸別訪問で配布し、当日は園児たちに夕食の給食を支給し、職員に残業させて、夜9時まで子どもを預かってまで開いた説明会だった。

2005. 8 .12 **選定会議は、受託事業者としてピジョン株式会社を選定し、被告に報告。**第一次選定で、児童青少年部長を除く4委員が厳しい評価を下した事業者だった。練馬区は、この落第点を合格点に書き直すような手法で、しかも総務部長など、保育行政と直接関係のない庁内の役職者が、同社を選んだ。

2005. 9 . 1　**準備委託開始。**園長候補と主任候補が赴任。

2005.12. 1　**本格委託開始。**

2006. 3 .31　**この日までに、常勤保育士の3分の1に相当する8名のピジョン職員が、体調不良や個人的事情を理由に退職。直営時の区職員は、この日までフォローとしてほぼ全員残留。**この事態を受け、被告は3月17日、ピジョンに対し改善勧告を発し、これ以上同じ理由での退職者を出さないなど4項目を求める。

2006. 4 . 6　**この日までに園長が退職。第一次選定で委員を務めた元区立保育園園長が新園長に就任。**ピジョンの要請により、被告自ら斡旋。一次選定では、ピジョンの保育を厳しく評価していた人物。

2006.11.30　**この日までに、常勤保育士7名が退職。**

2006.12. 5　**練馬区がピジョンに対し、改善要請を発する。**練馬区はこの事実を、保護者にも伝えていなかった。

2007. 4 .30　**光八からの転園者がこの月だけで5名。**

2007. 5 . 9　**2006年度中の常勤保育士退職者が、最終的に9名にのぼることが明らかに。**事務、調理などを含めると、計26名の職員が退職。

以上

（＊被告＝練馬区長）

第二章　子どもたちを置き去りにしていないか？

民間委託を子どもの立場から考える

元公立保育園園長　藤沢　水音（仮名）

1．はじめに

私たちの公立保育園は、二〇〇六年三月三一日、建て替え移転にともなう社会福祉法人への運営委託をもって、三九年の旧園舎での歴史を閉じました。

私たち職員は、子どもたちのことを最後まで責任をもちたいと願い、悩みつつもできるだけの努力をしてきたつもりです。受託した法人の職員の方々も、子どものために努力されました。それでも現実は厳しいもの。移転と同時の委託でもあり、園舎も変わり、信頼を寄せる大人との関係を断ち切ることになったことでの、子どもたちがこうむった生活面や心理面の「激変」は、それは大きなものでした。保護者の方々のご苦労、受託した新園職員の方々のご苦労を考えるとほんとうに大変だったろうと思います。

委託されて一年半になろうとしていますが、私の中で日がたつにつれて強くなる思いがあります。それは子どもたちのことです。「子どもたちに納得のいく説明ができないまま、不安の中に投げ込んでしまった。何か方法はなかったのか……」そんな思いが日ごと増してきます。

「なんで保育園変えるんだろ。ボロでもいいのに。だけど先生変えるのやめてほしいよね……」と言ったAちゃん。彼のこの言葉にだれがどう納得のいく説明ができるのでしょうか。できないまま辛い思いをさせてしまったと思うと今でも心が痛みます。

民間委託を進める行政の責任は大きいのだと思い知らされた出来事でした。

2. 忘れられない旧園舎最後の日

二〇〇三年夏、市長は市の財政悪化を主な理由に、公立保育園の民営化を表明しました。この表明を受け、その後父母会を中心とした反対運動が始まり、大きな取り組みになりましたが、残念ながら民営化を撤回させることはできませんでした。

その間、私たち職員は、たった三ヶ月という余りにも短い引き継ぎ期間にたいして、「子どもを守るため、せめて一定期間、新園に行って引き継ぎたい」という要望を表明していました。

また、最後まで反対した父母会も、委託が現実的に避けられなくなるに至って、委託後の引き継ぎをフォローするために旧職員を一定期間派遣してほしい、という願いを持っていましたが、かなわないまま本委託の日を迎えてしまいました。

旧園舎最後の日、二〇〇六年三月三一日。引っ越しのトラックがまさに園庭に入ろうと待機している、その時の保育園のようすは忘れられません。たくさんの保護者、園児、保育者……テラスは人でいっぱい。そこここで別れの挨拶を交わしあい……今日で、今この時で最後というその時。帰りがたい。時間を止めてしまいたい。ここで暮らした子どもと保護者の方たち、語らずとも通じ合うような何か……そんな思いがあふれているようでした。その時の光景を思い出すと今でも胸がしめつけられるような気持ちになります。

3．園づくりで大事にしてきたこと

私たちの市の公立園では、昔から、保育を親との『共育て』ですすめるという、優れた伝統があります。また、私の園は、「子どもが喜んで通え発達が保障されること」、「親も安心して子どもをゆだねて働け」、そして「職員も生き生きと働け」、さらには「地域の中で役に立ち、喜ばれる」保育園にしたいという四つの目標を持っていました。

もともと、私たちの園は地域のお父さん、お母さんの願いから生まれた保育園です。ですから、いつの時代にも父母や地域の方が保育園を大事と思い、困ったときには力を貸していただくこともたくさんありました。園に通っている子どものことはもちろんのこと、地域で子育てしている方にとっても役に立つ保育園にしたい。それには、預けている保護者と働いている職員が気持ちを通わせ、いっしょに保育園をつくっていくことが大事だと考え、職員

が変わってもそのことを引き継いでいかれるよう願いとして掲げてきたのです。ですから、保育を引き継ぐにあたってはそうした原則はしっかり受け継いでもらいたいと思いました。

4. 引き継ぎの中で考えたこと――最後まで保育を大事にしたい

一月、実際に引き継ぎ保育が始まりました。私たちが具体的にしっかりと受け継いでもらいたいと思ったことは次のことです。

まず何より、一人ひとりの子どもへの理解を、受ける方々と共有したいと考えました。子どもたちは自分のことをわかってもらえたと思うと安心できます。子どものありのままの姿を認めて、何日もかけて子どもとつながっていくことや、子どもの好きなあそびを見つけていくこと。そしてその子をわかろうとしてかかわることで子どもは安心し、大人との信頼関係を築いていけるからです。私たちがいっしょについていけないのですから、子どもが、わかってもらえたという実感がもて、新しい先生方を信頼していいと思えるようにしたいと考えました。それには毎日の暮らしの中でその子が思っていることを理解しあうことが何より大事でした。

そして目の前の子どものことから出発して保育をつくっていくことのたいせつさもわかってもらいたいと思いました。たとえば「〇〇ちゃんがこう思っているからこういうふうにしようと思うの」という保育は、保育園に居合わせた人みんなで思いを共有することで実現できること。つまり、保育園中の大人が、できるだけその子のことをわかって、ていねいにかかわり、担任が考えていることもわかっていること。担任まかせでない保育、それはどうしたらつくれるか……そのことは最後まで私たちの日々の課題でもあったのですが。

また、この引き継ぎ期間の一～三月は、一年いっしょに暮らしてきて、子どもたち同士の関係が充実し、年齢を超えた自然な交流もたくさん生まれます。こうした毎年この時期に大事にしている保育をしっかりしながら引き継ぎたいと思いました。とくに、卒園前の5歳児には、最後まで子ども同士がかかわりあう中で、〝自分は認められている〟といっぱい実感できるようにしてあげたいと考えました。

保育園が楽しいと登園し、大人といっしょに暮らしをつくりながら、子ども同士が「明日～しよう」と思える暮らし。子どもが自ら遊び、友だちとつながっていくことはこれまでもたいせつにしてきましたが、委託になることでは、より心寄せ合える友だちの存在が大きな支えになるのではないかとも思っていました。

ただ、「新しい先生が何人も来ること」について、できるだけ子どもたちが混乱しないようにするにはどうしたらいいのか。「出会い方」や、「日々の保育の入り方」など、具体的な一つひとつのことではとても悩みました。

実際に引き継ぎ保育が始まると、子ども同士の関係にも変化がみられ、ほんらいなら子ども同士つながれて遊べるはずなのに、なんだかいつもと違うと感じられました。職員が増えたことも影響しているのかと考え、法人の職員さんたちには他の公立に見学に行っていただくなどし、園にこない日をつくってもらいもしました。そして、子ども同士がつながって遊ぶ姿を確かめ、「あ、だいじょうぶだ！」とほっとしたこともありました。

私たちは、年度の区切りの三月から四月は、「子どもにとってはつながっている」と考えています。大人は、年度替わりで、さあ心機一転……という感じかもしれません。でも子どもにとっては、昨日であり明日であるのです。

運営委託になると、続けて見ていくことができるのは法人の先生方だけです。だからこそ、このことをわかりあいたかったし、「不安を感じる子を安心させてあげる責任は大人にある」「最後の日まで子どものことを共有して送り出したい」ということを共通の思いにしたいと思いました。それで、最後の保育会議は、このことを議題にし、法人の先生方にどうぞよろしくとお願いしました。

5．新園に行けないことを伝えた日

一番悩んだのは、（職員が）新しい園には行かないことをいつどのように伝えるかでした。小さい子の場合、少しでも新園になじむようにと思い、1歳児、2歳児はお散歩で新しい園舎に行き、そこで新園舎の準備をしている先生に迎えてもらい、ひと遊びして帰るなどもしました。

3、4、5歳の子どもたちには、たいせつなお話がある日として話しました。しかし、子どもたちが納得するには無理があり、実際にはたくさんのショックを与えてしまいました。当日のショックを連絡ノートで次のように伝えてくれたお母さんもいます。

――「今日ね、お話し会があったの。新しい園にいっしょに行ける先生たちの話。A先生はいっしょにいけるんだって。でもね、B先生とか、C先生とかE先生とかF先生はいっしょに来られないんだって。B先生きらい。だっていっしょに来ないって決めたから。大好きなのに〜」と言ってしばらく顔を上げませんでした。

私（母）が「お仕事ってね、大好きでそこにいたくても、偉い人に違うところに行ってくださいって言われたら、そこに行ってまた一生懸命お仕事するんだよ。お仕事ってそういうのなんだよ」と少し説明しました。そうすると、エッ？という顔をして、「それならだれが決めたの？　お仕事の偉い人って社長さん？　保育園の社長さんかな」。そして急に怒り出して、「社長さんはきっと先生たちのこと大嫌いなんだよ。だってね、B先生なんかGちゃんがやさしくしたら泣いちゃったんだから！　みんな泣いちゃったんだから！　すごくかわいそうなんだから！　そんないじわるな社長さんなんだから、H子が神様にお願いして罰してもらうんだから！……」――

なんで子どもがこんなことを言わされなくてはいけないのか、ほんとうに悲しくなりました。子どもたちがすごく葛藤しているのがわかりました。

また、ある職員は、こんなふうに伝えてくれました。

「3、4、5歳児と受け止め方も表し方もさまざまで、とくに4歳児の子どもたちの揺れ動く心の内はことさらでした。伝え終わって、遊ぼうと大人はがんばり、いつも通りにしているつもりでも、『先生、悲しいの？』と聞いてくる子。言葉につまりました。『うん……。泣いているみたいだった』とその子は言いました。『そうだね～、悲しいしさびしくなっちゃうな……』と言うと、『みんなでいっぱい遊んだから？　でもまだ遊べるからだいじょうぶだよ』という、その言葉に涙が出てしまいました。

Sちゃんは『先生はSのこと大嫌いなんだよ！　だって新しい保育園いっしょに行かないんだもん。先生なんて大嫌い』と言いながらおうちで泣いたそうです。他にも夜泣きが出た子、まだ職員が行かないということがどういうことかわからない子、円形脱毛ができてしまった子……。

一人ひとり受けとめ方が違い、表し方も違うのです。そして父母の方々も揺れ、不安な思いもたくさんよせられました。……」

6．小さな子どもたちの思いは

大きい子はまだ気持ちを伝えられるのでましなのかもしれません。幼くて言葉にできない子どもたちはどんな気持ちだったのでしょうか。引っ越し直前の1歳児が新園舎にはじめて遊びに行った日のことです。

「三月後半。なかなか入れなかった新園舎にはじめて遊びに行った日のこと。玄関に入ると元気にくつを脱いで入っていく子、立ちすくんですぐには入れない子、いろいろだったが、いっしょに入り、お部屋にいくと、目新しいおもちゃがいっぱい！　まずはおもちゃで遊びはじめた子どもたち。見ると自分たちのマークがロッカーとお手紙ポケットに貼ってある。『あっ！　ぼくのー』『○○ちゃんもあるねー』と自分のと仲間のマークをたしかめる子どもたち。そうしているうちにMくんの表情がみるみるくもっていった……。『抱っこ、抱っこ～、もう出る～、ここやだ！』、帰りも『せんせいと抱っこで帰る！』とMくん。抱っこして園まで着くと、とってもうれしそうに『Mくんのおへやだー』とぽつり。さらに『Mくんの見てみよー』というので、何かと思ったら、窓ガラスに貼ってあるクラスの表だった。一つひとつたしかめ、友だちのと自分のマークを指でさして『あったー！』とうれしそう。『新しい保育園やだったー！』と言うMくんの心はどんな気持ちだったのだろう？　それを思うと辛くて切ない気持ちになった。……」

いっしょに行った先生が話してくれました。1歳児でもこんなにいろいろなことを感じていたのです。そして、言葉にできない心のうちを汲み取ってわかってあげられるのはそばにいる大人しかいないのは言うまでもありません。

7．そして、四月になって……

四月、子どもたちは新園に、私たち職員は新しい職場に別れました。それでも個々の職員には元の園のお母さんから、子どものことで電話が入ったり、相談が寄せられたりしていました。「新しい担任の先生に話してだいじょうぶだよ」とお伝えするのですが、子どもたちが友だちを頼りながらも、とまどい不安になっていることが伝わってきました。子どもたちがかかえたとまどいや不安などはどんなだったのか、私自身があとになって聞いたことも含めお伝えします。

・Jちゃんは、保育園の環境が変わりはじめた一月ころから円形脱毛症になってしまいました。五月ころに家の都合で二週間ほど休み、いったんは落ち着いたように見えたのですが、六月に入ってまた、「前の保育園の時に先生が作ってくれたアルバムが見たい」と言いだし、お母さんが「もう遅いから明日にしようか?」と言っても聞かず、最後は涙声になり、「今、前の保育園の写真が見たいの! そうじゃないと忘れちゃうの! 保育園がどんなだったか忘れちゃうの!」と泣き叫んだ。その後も「Jはボロボロでもいいのに……、なんで新しい保育園にしちゃうの? でも、先生かえるのやめてほしいよね。JはN先生とK先生とT先生とU先生(新園現担任と旧園の元担任)がいいなー。今度N先生に会いたい」と、話すことは旧保育園のことだったそうです。

・新しい園の担任の先生ともいい関係をつくっていこうと努力していたLちゃんのお母さんは、半年経つころになって、Lちゃんが保育園に行きたくないと言いだし、なんとか午前中だけの勤務にし、お昼帰りさせたり、努力していたそうです。それでも、Lちゃんが元の担任に会いたいと訴え、その思いをかなえるため、「先生、Lがね、ギューってしてほしいんだって」と連れて来てくれました。Lちゃんを抱きしめる元の担任にすがるようにお母さんも泣いていたということです。

何人ものこのような報告を受け、私たちは、改めてこの委託が子どもたちにとってどれほどの負担だったのかを思い知らされ、さらに、互いに感じたことや、辛かったことを話しあいました。みんなを代弁して、二人の保育士の思いを抜粋してお伝えします。

乳児担当職員

自分の園が民託されるということが決まってしまい、それを聞いて一番に思い浮かんだのが目の前の子どもたちが動揺する姿でした。どんな過程をへて子どもたちが成長してきているかをまったく見ていない保育士たちがたった三ヶ月の引き継ぎ期間だけで、子どもたちを理解し引き継ぐなんて……どう考えてもありえない！　できっこない！　と思ったのが正直な気持ちでした。

一月から引き継ぎが始まり、受託先の先生と三ヶ月間、いっしょに保育をして、〝今○○ちゃんてこう思って、○○したんだよね〟と、目の前での姿から、その時の子どもの心情を伝える努力をしてきた。昼の休憩の時、ノートに書きながらなど、少しでも一人ひとりのことをわかってほしい、表面で見える姿だけで捉えるのではなく、子どもの心の内側をわかってもらいたい！　と思い、話を重ねてきた。でも三ヶ月というのはやっぱり短く、受託園の人は新園舎準備もあり、とくに三月に入ると、ゆっくりと日々の細かいところまで話ができなかった気がする……。ある先生からは、「もう少しいっしょに保育したかった。やっと少しずつわかってきたところ」と言われた。そして、はたして四月から進級児も含め、自分が受けとめきれるのか……と不安の声をもらしていた。受け渡す私たちもそうだけど、受ける側も不安でいっぱいなのだと思った。それが民託、しかも三ヶ月という短い期間ではとうてい解消できない〝不安〟なのだと。

民託への不安は、子どもと親が一番不安でいっぱいだったと思う。

四月になり、新園での生活が始まった子どもたち。〝子どもはすぐに慣れて〟なんて声も耳にしたけれど、進級児は、案の定「イヤダー!」と大泣き、ひっくり返って泣いて、不安を全身で表していたり、体調をくずしたりしていたと、四月の引き継ぎ会議で教えてもらった。

一番せつなかったのが、進級児で一番月齢の小さい女の子のこと。お母さんと旧園舎を通ると、「保育園ナイノー、〇〇(自分)の保育園アッチー」と新園舎が自分の保育園よと言って、四月当初は登園していたという。でも中旬になり、いろいろ違いや変化がわかってきて、朝ずっと大泣きしているという。小さいけれどよくわかる子で、大人の思いなどをわかって我慢していたのが、一気に溢れたのだと思った。子どもなりに環境の変化を受けとめ、必死に不安とたたかっていると思うとほんとうに悲しくなってしまった。そんな辛い思いをさせる民託、もう二度とこんなことを子どもたちに味あわせたくないし、絶対にあってはいけないこと！　と思います。

もう一人、幼児クラスの職員の気持ちです。

幼児担当職員

――（委託以後は）葛藤の毎日でした。

三月は、保育の中でたいせつな時期でもあり、異年齢の交流もたくさんあり、4歳児の子たちは5歳児を見てあこがれたり、思いをふくらしたり、また、5歳児は卒園に向かっていく……大事な時期。この三月に引き継ぎのことも加わり、子どもたちは考えなくていいことまで経験させてしまっている、委託の問題に悲しくなりました。

それでも三月はあっという間に過ぎてしまい、三月三一日、とうとうこの日が来てしまったのだなとなんとも言えなく胸が苦しくなりました。この保育園最後の日、明日につながる保育をしていこう！　と、職員みんなで考えたお店屋さんごっこをしました。各お部屋にいろいろなコーナーをつくり、遊びがはじまりました。はじめは大人側が子どもたちにやってあげたいと考え、始めたけれど、子どもたちはやってもらうという受け身の姿ではなく、「買う人なるね〜」「お店の人になる〜」と思い思いの遊び方で楽しんでいました。「そうなんだ、明日につながる保育ってこういうことなんだ」と、保育園中の子どもたちや大人たちが気持ちを寄せ、重ね合わせながら遊んでいることが手にとるように感じられました。子どもたちの姿を見て、「あ〜、こんなふうに毎日この保育園で遊んできたんだよな……」とその自然な表情に胸がいっぱいになりました。

夕方は引越しの荷造りとお部屋の整理をしなくてはなりません。子どもたちが帰った後、慌ただしく引越しがすすみます。子どもたちみんなで考え、作って遊んできたダンボールのおうちも、壁に貼ってある誕生表も、いる物、いらない物なんて分けられないほど、どの物をとっても子どもたちとの思い出がいっぱい詰まっていました。荷物がなくなり、ガラ〜ンとした部屋……、今まで子どもたちと暮らしてきた部屋がこんなふうになってしまうんだ……、と何とも言えない気持ちでした。

後日聞いた話ですが、この日、一人の子が家に帰った後「保育園に行きたい」と言ったそうです。お母さんは引越しの後を見せるのはどうかと悩んだそうですが、あまりにも子どもが訴えてくるので、保育園に来たそうです。明かりがついているので行ってみると引越しは終わっていて、職員はホールに集まっていたところでした。園庭まで来た時、「入らない、帰る」と子どもが言い出し、中には入らずにそのまま帰ったそうです。何もなくなってしまった保育園を見れなかったのでは？　先生に会いたかったけど会えない思いがあったのではないか？　と、その子のお母さんは思ったそうです。どうして子どもたちがこんな経験や思いをしなくてはいけないのか！　悩み、解決できないまま過ぎてしまった……。

引き継ぎが終わってしまった今も悩み、考え、一生懸命訴えてきている父母の方もいます。新園になった今も旧園の前を通りながら登園している子どもたちがいます。ついこの前までみんなで暮らし、遊んできた保育園。今はそれがうそのように殺伐として、まるで廃墟のようで、ロープがはられ、子どもたちが元気に走っていたテラスにもゴミが山のように積まれていて……。子どもたちがこの現状を見たらどう感じるのだろうか？　移転が終わり、決められた引き継ぎが終わり、次々変わっていくようだけど、まだまだ私たちはやらなければいけないことがたくさんあるのではないかと思っています。

8. おわりに

これは、一年半近くたってお会いした卒園児のお母さんからお聞きした話です。

そのお母さんのお子さんは話を聞いていてもわからなかったようで、四月になってそれまでとは違う生活が始まったのだが、はじめはとりわけて何の反応はなく外見も変化がなかったので、スムーズにいくのかな、よかったなーと思っていた。ところが、みんなが落ち着いてきたころになって、落ちつかなくなり、乱暴なことがめだちはじめたのです。そのわが子の変わりようにお母さんはついて行けなかったそうです。冬になりやっと落ち着きを取り戻したそうですが、何か置き去りにされたような感じがした。〝ちょっと困った子だけれど、大きな問題はない〟という子が置き去りにされた感じで、いまだに、消化不良のまま……と話されました。

こんなふうに、民営化の後遺症はいまだに終わっていないことを実感しています。そして、こんなにも子どもたちのことを真剣に考えてくださるお母さんたちとの関係が続いていること、時を追うごとにまだ子どもの姿や保護者の悩みが伝わってくる……、そのことの意味は大きいのではないかと思っています。

このお子さんは、新しい園舎に登園するようになって、なんだか変だ、先生はどこに行ったんだろうと一生懸命考えたのかもしれません。それなのに、どういうことが、なぜ起こったのか納得いく説明がされないまま日にちがたってしまったということだと思います。

私は、この間、民営化にともなって見られた元の園での子どもたちの厳しい受けとめの姿を、いろいろな所で話してくるなかで、全国でこの問題に悩んでいる人がたくさんいることを知りました。ところが、子どもの側にたって民営化問題を考える視点が少ないということもわかりました。

大人同士は関係修復することも可能だし、そのこと自体大事なことだけれど、そのときの大人の都合で納得のいく説明もないまま不安の中に投げ込まれた子どもたちのことはどうなるのか。じつはそのことこそ、ほんとうに取り返しのつかないことなのではないでしょうか。

委託を経験したお母さんがこう話していました。

「新旧の園の先生が悪いわけでもない。親だって悪くないと思うの。だれも悪くないのに、それでも子どもたちに一番負担がかかったよね。こんな悲しい思いをするのは私たちで終わりにしたい。もう二度とやってほしくない。ぜったいに許さない」「自分の子どもたちが経験したことを、他の保育園の子どもたちに経験させたくない。そんなのかわいそう」

ほんとうにその通りだと思います。子どもたちにかかった負担の大きさを考えると、どこかで、〝子どもにとって〟という視点で検証することが必要なのではないでしょうか。

子どもたちを悲しい目にあわせないように、子どもに納得できる説明のできないようなことはほんとうにしてはいけないと強く思っている、民間委託後一年半の今です。

（二〇〇七年九月）

第三章　公立園の運営を受託して

練馬区立向山保育園　園長　安川　信一郎

1．はじめに

二〇〇六年一二月一九日は私にとって忘れられない日となりました。それは練馬区から向山保育園の委託結果が発表された日でした。

当初一二月初旬には結果が出る予定でしたが、審査が遅れたのか、最終的には一九日になっていました。

区に電話を入れると「区長の正式な決裁は下りていないが内定しました」とのことです。さっそく、その日の昼に緊急の職員会議を開き、向山保育園の運営受諾が決まったことを伝えるとともに、向山の保育をいっしょに作ってほしいと、職員にお願いしました。


名古屋にある福祉関係の大学を卒業し、最初に働くことになったのが、東京都多摩市にあるこぐま保育園でした。一九七七年のことです。こぐま保育園はその三年前に開園しました。その当時の多摩ニュータウンは、ベットタウンとして人口もどんどん増え、保育需要も急速に高まっていましたが、都心に通勤するには一時間以上かかるなど陸の孤島といわれていた地域でした。まだ、国の定める保育時間は八時間が基本でしたから、子どもを預けて働く親たちが働き続けるためには、その多くが二重保育するしかありませんでした。

こうした地域環境のなかで生まれたこぐま保育園では、四月開園を前に、石油ショックの影響で工期が遅れ、園舎がまだ完成していないなか、入園予定の園児宅を職員全員で家庭訪問し、子どもたちの二重保育をしなくてすむには、何時から何時まで園を開けばよいかを聞き取り、朝七時から夜七時（開園当初は夜六時三〇分）までの乳児からの長時間保育を実施しました。まだ、国や都の制度保障がないなかでしたので、父母が登降園時にタイムカードを打刻し、一五分単位でお金をだす形で人員を確保して、親たちの願いに応えてきました。今から三〇年以上前のことです。

こぐま保育園では開園当初から、保育園の果たすべき社会的役割を運営の柱に位置づけ、職員が主体的に参加するシステムを確立しながら、日々の運営をおこなってきました。

こうした考えから、障害児も乳児から受け入れ、地域に向けた保育センターも開設、その後の地域生活実態調査などを踏まえ、一九九七年にはさらに発展させた形で子育て支援センターを開所しています。

また、「生活アンケート」を実施して、保護者と子どもの生活から出発する保育をおこなってきました。

そのなかで一九九七年一一月より、保育の基礎集団を1歳から5歳までの年齢幅をもつ「きょうだい・グループ保育」の実践に取り組んできました。

2．なぜ、民間委託なのか

私自身は民間委託はおこなうべきではないと考えています。その上でなぜ委託を受けたのか理由を述べます。

公的保育制度が後退するなかで以下の点から公立保育園の民間委託に応募しました。

一つには、職員が見通しをもって働き続けられる保育園にするためです。

小泉内閣は待機児解消を宣言しましたが、そのやり方は公的な責任で保育所を増やすのではなく、入所定員の弾力化や企業参入により、解消を図るというものでした。そして、東京では、都独自の認証保育所制度がスタートし、国基準をも下回る水準で子どもたちが日々生活するところも生まれています。

この流れの中で、社会福祉法人に対する補助金も大幅に削減されてきました。その結果、三九名の常勤職員の平均勤続年数が二〇年近いこぐま保育園では職員の賃金を大幅にダウンせざるを得ない状況におかれていました。

二つ目は、子どもたちの育ちを守るためです。

市場原理にもとづく国の規制緩和政策により、それまで原則として行政か社会福祉法人だけが保育園の運営をおこなってきましたが二〇〇〇年四月以降、企業を含めてさまざまな事業体が保育園の運営をおこなえるようになり、運営を受諾したいくつもの園で短期間に職員がやめるなど、保護者や子どもたちにさまざまな影響が及んでいる状況があります（もちろん、そこで働いている職員の方々はほんとうに一生懸命に子どもたちや保護者と向き合っていると思っています）。

三つ目は、これまでこぐま保育園が築いてきた保育理念を多摩市以外の地域で根付かせ、保護者とともに子どもを育て、さらに地域の子育てセンターとしての役割を果たしていく必要があると考えたからです。

そして四つ目の理由は、人事交流です。

法人が複数施設を運営することによって、職員の人事交流がおこなわれ、職員がさまざまな刺激を受けることで一人ひとりの力がさらに発揮できると思います。

3．委託までにどんな困難があったか

①職員採用に関して

年末の受託決定から、翌年四月の本委託まで、年末・年始をはさんで実質三ヶ月しかなく、ある程度の予想はしていましたが、細かく実務経験年数などが決められている仕様書（＊文末参照）にもとづいた常勤職員を採用することは大変困難なことでした。

こぐま保育園からは私も含めて六名の職員が向山保育園へ異動をしました。多摩から練馬までは少なくとも一時間半はかかります。早番といわれる朝七時からの勤務をするためには五時には家を出なくてはならないなど、家族を含めて大変な決意が必要でした。結局、六名（独身は一名）の内一名だけが現在も多摩から通勤していますが、他の五名は近くに引っ越したり、保育園の近くにアパートを借り単身赴任をしながら働いています。

しかし、朝七時から夜の八時半までの一三時間半の保育、休日保育、年末保育（今年度より委託園は数年に一度おこなうことになりました）をおこなうには総勢で三〇名以上の常勤職員が必要です。こぐま保育園からの異動者を除いても、新たに二〇名以上を一月上旬まで

に採用しなければなりませんでした。

お世話になった大学の先生や、園長先生方、知人、友人に声をかけ、一二月二六日と一月七日に就職説明会をおこない、幸い六〇名近い方の応募をいただきました。

就職説明会で私は、「……向山保育園は民間委託の保育園です。ほとんどの保護者は民間委託に反対してきました。ですので、ゼロからのスタートではなくマイナスからのスタートであり、生半可な気持ちで働く人は向山保育園には必要ない……」ということを話してきました。

この二回の説明会の面接でかなりの職員を採用することができましたが、看護師だけはなかなか見つけることができませんでした。とにかく困っていたのですが、幸い新しく採用する職員の紹介でなんとかお願いできる方が見つかり、ようやく二月中旬に常勤職員がそろいました。

短時間勤務職員の確保もとても大変でした。二〇人以上の短時間勤務職員も合わせて採用しなければなりません。

公立の先生が全員いなくなるわけで、子どもたちや保護者の方が少しでも安心して保育園に登園できるように、園長先生のお力も借りて向山保育園で働いていた短時間勤務の先生方にお願いし、七人の方が引き続き働いてくれることになりました。

つながりのない地域で短時間職員を探すことは困難でハローワーク、さまざまな求人誌、園の塀に職員募集の張り紙をしたりしてようやく二〇名近くの方に来てもらうことができました。

それでも実際に一三時間半の保育を開始すると、当初予定していた保育士では足らず、四月と五月にそれぞれ一名を採用して委託初年度を開始することになりました。

②保育の引き継ぎについて

一二月二七日に区役所にあいさつに伺ったあと、向山保育園へ行き、園長先生と一時間ほどお話をしました。その時に向山の先生方が、事前にこぐま保育園のことを知るために、こぐま保育園について書かれている『3・4・5歳児の保育計画』と『きょうだい保育の園舎づくり』の本を予約して、自分たちも勉強したいと言ってくださり、大変感動しました。

そして、年明けの一月より私は練馬と多摩を行き来する生活がはじまりました。こぐま保育園のほうは副園長に主な運営をまかせ、やむをえない時だけ行くことにしました。

三ヶ月という短期間で向山保育園の保育や、「練馬区立保育園の保育水準について」を引き継ぐということで、区からは、引き継ぎ計画書を作成し、それに基づいて引き継ぎをしてほしいと要請されました。

しかし実際は、新しく雇用する保育者は現在働いている園での保育がありますし、こぐま保育園からの異動職員も同様にこぐまでの保育があります。唯一よく来ることができたのは新卒の学生たちでした。それでも一月はまだ学校があり、ほとんど来られず、ようやく二月になり向山保育園に来ることができるようになりました。

やはり三ヶ月という非常に短い期間の中で、さまざまな区のマニュアルや向山保育園の子どもや保護者の状況、そして向山保育園の保育を理解して新年度を迎えるというのは非常に困難なことでした。

朝、保育園に行き「おはようございます」とあいさつをしながら、子どもたちの名前と保護者の顔を覚えるよう努力しましたが、夕方お迎えにきた保護者をおじいちゃんと間違えるという大失敗をしたこともありました。

はじめ、子どもたちは、「この人だれだろう?」と、私たちのことを見ていましたが、日を追うごとに子どもたちのほうから声をかけてくれるようになってきました。

私自身も当初はなかなか慣れず、とても緊張しながら事務所に座り、資料を読んだり、園長先生や主任先生からお話を聞いたり、保育を見学させてもらったり、行事に参加させてもらったりという毎日でした。

その間にこぐまから異動する職員と相談しながら、向山保育園の保育や運営のすすめ方、常勤職員のクラス配置や短時間職員の時間、配置を決めたり、延長を含め一三時間半の保育をするためのローテーションを組んだり、賃金や就業規則の検討をしたりという作業をすすめていました。

採用した職員には働いている方もいましたので日曜日などを利用して職員会議を開き、こぐま保育園の運営や保育の考え方を学習したり、新しいクラスの会議などをおこなってきましたが、地方から採用した職員もいましたので、全職員がそろわない状態で四月を迎えました。

園長先生はじめ先生方も、区が委託を決定してからは職員の異動はおこなわずに向山保育園の保育内容をさらに積み上げてきたと思いますし、その水準を委託先の事業者にきちんと伝えなければという熱い思いと、自分たちの作り上げてきたものを引き渡さなければならないという複雑な心境だったと思います。

とくに新卒で採用した職員は、向山の先生方に短期間でしたが子どもに対する接し方や、保育士の位置やあそびの組織のしかたなど、多くのことを学んだと思います。

勤務が終わってから先生方がホールでリズムや荒馬の指導を数回にわたってしてくださいました。また、園長先生が「ひまわりニュース」という保護者向けのお便りを発行し、その中で引き継ぎの状況や新職員の紹介などをしてくださり、保護者との関係を少しでも円滑にできるように配慮してくれました。ほんとうにありがたいことでした。

③保護者の方々との信頼関係づくり

保護者の方々の多くは区の民間委託化案に対して反対されていたようですが、その思いとは裏腹に委託化へのスケジュールがすすむなかで、委託の年に卒園される保護者の方がこぐま保育園に来られ、「……練馬区が公立保育園の民間委託を強行しようとしているので、ぜひ向山保育園へ手をあげてもらえないだろうか……」という趣旨のお話をされました。その後も父母の会の会長さんをはじめ、保護者の方々が何度もお子さん連れで、見学にこられてお話をしました。来られた保護者の方々は、こぐま保育園を見学されたり、私たちと話をするなかで多少は安心されたと思います。

一月からの行事にはすべて参加するようにしました。保護者の方が参加する行事はとても緊張しながら隅のほうから見ていました。その時は何歳児クラスのだれの保護者かもわからず、声をかけることもできませんでした。

年度末になると各クラスの懇談会がおこなわれます。すべてのクラスの懇談会に出席し、園長先生に紹介していただきあいさつをしましたが、しどろもどろで何をお話したかも覚えていないという状態でした。

保護者のみなさんの思いはとても複雑だったと思います。とくに年長の保護者の方はなんで卒園の時に民間委託なのか、せめて自分たちが卒園した後にしてほしかったと思われていたのではと思います。

少しでもよい形で委託がおこなわれるようにと、父母の会が三月二一日に向山保育園の先生方と私たちを招待して〝ありがとう&よろしく〟の会を開いてくれました。

最後の三月三一日の金曜日は、向山の先生方と保護者の方々が涙を流しながら別れを惜しんでいたのを複雑な思いで見ていました。

APP
GIRL

4．委託を開始して

①フォローの先生との引き継ぎについて

引き継ぐ期間が非常に短期間ということで、向山保育園に勤務していた保育士さんがフォローという形で七名残って保育の引き継ぎをしてくださることになりました。

当初、四月からは自分たちで保育をするのだから、フォローの先生には残ってもらわず自分たちで保育をしていきたいという思いでいましたが、保護者の意向もあり四、五月は七名の先生方がフォローとして残ってくださることになりました。

四月は、フォローの先生が、子どもへの対応や一日の生活の流れ、早番、遅番、土曜保育の内容などを直接各クラスに入って教えてくれました。

委託初日の四月一日は土曜日でしたが、園庭にもまだ慣れておらず、一人の職員が子どもと追いかけっこをしていて避難用のすべり台のふちにつまずいて足を捻挫し一ヶ月の病休に入ってしまいました。その時はほんとうにどうしようかと目の前が真っ暗になってしまいましたが、フォローの先生の力を借りて、なんとか乗り越えることができました。

新入職員に対する基本的な研修もおこなえないまま、実際の保育に入ってしまい、職員同士もはじめて顔をあわせ、日々の保育をすすめるという点では、当初は「フォローの先生に残ってもらわなくても、自分たちで保育をする」と言っていましたが、ほんとうにフォローの先生がいなかったらどうなっていたのだろうと思います。

五月は、直接の保育は新職員がおこない、フォローの先生は間接的に各年齢の保育を見ながらの援助になりました。

窓越しに保育を見られながらというのは職員にとってはけっこうきつく、自分たちの保育がつねに見られているというストレスを感じながらの日々だったと思います。

また、週一回のフォロー会議（メンバーは、区の支援調整係りの方、フォローの先生方と園長、乳児主任、幼児主任）が開かれ、フォローの先生方から、①安心・安全が守られているか、②一人ひとりの子どもの引き継ぎがなされ、配慮がなされているか、③クラス運営が順調におこなわれているか、④職員の育成、という項目などでの指摘を受け、意見交換をおこないながら、引き継ぎをおこないました。

六月以降については、自分たちで保育していきたいという思いはありましたが、保護者からは「もうすぐ、プールが始まるのに何かあったら困る」などの意見も寄せられ、二名の方が残ってくれることになりました。実際の日常保育はほとんど職員でおこなうようになりましたが、必要に応じて各保育室を見てまわってくれたり、幼児クラスの子どもたちや職員にはプールの入り方などを指導してくれました。

このままの状態が続くといつまでたっても、自分たちで保育をつくりあうことができないと思い、保護者にもその旨を伝え、フォローの先生なしで七月からの保育が始まりました。区からは支援調整係りの先生が週一～二回保育園に見えてさまざまな援助をしてくださいました。

フォローに残った先生方は、年度途中のため担任などは持てずにフリーなどの形で新しい園に異動されたようです。

②子どもたちと共感関係を

「どうして、せんせいたちはみんないなくなっちゃったの?」「どうして、あたらしいせんせいがくるの?」と引き継ぎ期間はあったものの、現実に四月から慣れ親しんだ先生がいなくなり、新しい職員が自分たちの担任になったということで、子どもたちの中には戸惑いもあったようですし、保護者からも「最近、落ち着きがなくなったようです」などのご意見をいただきました。

保育園は子どもたちが安心する場所でなければなりません。委託というなかで子どもたちが不安定になり「保育園に行きたくない！」ということにならないよう、職員とも話し合い、食事や排泄などの生活行為やあそびを通して子どもたちの気持ちに寄り添いながら保育をしてきました。

職員は毎日のように休憩室に集まり、交替勤務が終わったあと、子どものことや保育のことを語り合ってきました。

子どもたちも徐々に職員に心を開いてくれるようになり、三月の卒園式（私たちにとっては第一回の卒園児です）では、職員との別れを惜しんで泣きだす子もいました。

何よりもうれしかったのは、保護者の方から手作りのアルバムをいただき、「先生たちと出会えてほんとうによかった」と言っていただいた一言です。これまでの苦労が報われた思いでした。

③保護者との関係

四月、保護者の方々は、フォローの先生が残ってはいるものの経験のある先生が急にいなくなり、どこのだれだかわからない若い職員が自分の子どもの保育をするということで、ほんとうに不安でしかたがなかったと思います。

委託後初めての各クラスの懇談会も、「以前はあいさつがちゃんとしていたがどうなのか？」「前はきちんと何かあったときの引き継ぎができていたがどうなのか？」等々。三月までの保育の話が多く、向山保育園をほんとうに信頼していたんだと改めて感じました。

若い職員中心のクラスでは、自分のクラス名（セミ組）を折り紙で折って、そこに保護者の名前を書いた名札を作ったり、「私の自慢できること」ということで一言ずつ話してもらおうなどと、いろいろ工夫して懇談会にのぞみましたが慣れないため、保護者も思いを素直に話せないようでした。若い職員はほんとうに苦労していたと思います。

子ども同士がケンカしてひっかき傷を作ったりした時は、担任は早番七時出勤でも保護者がお迎えに来るまで待ち、直接事情を説明して対応してきました。園運営に責任を持つ常任（園長、乳児主任、幼児主任）も必ずだれかが残っていました。

私をはじめ多くの職員は、ケガの時だけでなく、保護者の状況を少しでもわかりあうことが大事だと思い、朝から保育園が閉まる時間まで園に残っていました。

保育終了後も毎日必ず数名の職員が休憩室に残っていました。夏までほとんど毎日のように職員と食事をしながら、日々の保育でのこと、保護者との関係で苦労したことやうれしかったこと、経験者はこれまでの自分の保育についてなど、いろいろな話をすることができ、職員同士の関係は深まっていけたと思います。

私も含めて、保護者との信頼関係をどう築いていくのかということが最大の課題でした。保護者にとっては、わが子が朝起きて、今日も保育園に行って○○ちゃんと遊ぶんだ、○をするんだと喜びをもって保育園生活を送ってくれることがなによりです。

子どもたちが保育園のなかで不安や緊張がなく、ありのままの自分を出せ、まわりの友だちとのかかわりを広げ、自ら興味をもってまわりの世界に向かっていき、生きいきと楽しく生活できることが保護者との信頼関係を築いていく基本だと思い職員といっしょにがんばってきました。

初年度の運動会で子どもたちの躍動感に満ちた荒馬踊りや職員の荒馬踊りを見て、保護者の方々も安心されたようです。

ようやく三年目を迎えましたが、それでもまだ保護者のみなさんの思いは複雑です。

「若い先生方によく遊んでもらって子どもは楽しく登園しているようです。長時間の保育体制なので先生方に無理がないか少し心配です」

「先生方は区の直営の頃の保育・仕事内容を継続し、そして少しずつ多摩福祉会のやり方や方針を導入していこうと、保護者との意見交換会などにも積極的に参加され、保育園をよりよいものにしようと一生懸命なのが伝わってきます。また、若い先生が多いのですが、みなさんとても意欲的で熱心です。生きいきと働いていらっしゃるのが伝わってきて、こちらも毎日気持ちよく子どもを預けて出勤することができます。延長保育の利用者が多い向山において、急な延長保育のお願いにも対応してくださっています」

という意見がある一方、

「委託後、日に日に多摩福祉会が運営する『こぐま保育園』の方針と同じ内容になってきています。今までの向山保育園の良さを取り入れたり、若い先生方の意見を取り入れたりということが感じられません。こぐま保育園が悪いとは言いませんが、委託前から在園する者にとっては、理解できかねる部分が多いです。『子ども重視』とのことですが、親から見ると、『先生の都合・面倒くさい』としか受け取れないのが現状です」

「民間委託になったことで、保育方針も変わり、以前からこの施設を利用していた者としてはとまどう面も多いです。しかし、転園する手間はとりたくないですし、このまま慣れていくしかないのかともあきらめています。向山保育園に入ったはずが、いつの間にか、多摩福祉会に入っていた状態が好ましく思えないというのが正直な気持ちです」などの意見もあります。

新入園児の保護者の方は、向山保育園が民間委託した園ということを知ったうえで入所を希望されてますが、在園の保護者の方はほんとうにこの二年間は複雑な思いで過ごしてこられたのだと思います。

私たちは、保育者と保護者はともに今を生きる大人同士であり、これからの社会を担う子どもを育てるという立場でお互いに育ちあう関係を築きあっていくことが必要だと思っています。まだまだ、課題は多くありますが、保護者の思いを受け止めながらともに育ちあっていけたらと思います。

④行政との関係について

委託決定後の引き継ぎが三ヶ月というなかで、子どもたちも保護者も、公立の先生方も、そして私たちも、ほんとうに精神的にも肉体的にも大変ななか、さまざまな課題は抱えながらでしたが、ようやくここまでたどり着くことができました。

仕様書には、練馬区の保育を引き継ぐということが書かれていました。私を含めこぐま保育園から異動した職員は施設条件や、保育内容、制度的な矛盾を感じながらの保育でした。

こぐま保育園では、子どもにとって必要と思ってできていたことが、区のさまざまな保育関係のマニュアルに基づいてしか保育ができないという葛藤の中で日々を送っています。

子どもたちの育ちや保護者の就労を保障していくためには何が必要なのかを、今後とも行政と話し合い、保護者の合意も得ながら子どもたちを育てていきたいと思います。

5．今後の課題

①子どもたちが育ちあう保育園に

長時間園で生活する子どもたちにとっては、保育園は第二のおうちです。子どもたちが気持ちよく過ごせるように、ハード面での限界はあるものの、この間さまざまな工夫をしてきました。

保育室に木製の間仕切りや棚を入れ、温かみのある空間にしましたし、遊具もこぐま保育園を退職した先生にお願いして手作りの遊具にしてきました。幼児の部屋は棚を一部はずし、

空間を広げたり、木製の家具やソファーを入れて、子どもたちがホッとできるように工夫してきました。

乳児の部屋についても、0歳児クラスの横にあるベランダに二年がかりで人工芝を敷き、天気のよい日は0歳児や1歳児の二回寝の子どもたちの戸外あそびができるようにしてきました。夏にはタープ（防水シート）を張り、0・1歳児が水あそびをするコーナーとして利用しています。

若い職員が多いこともあるので、自分たちの保育の意味や、子どもや保護者のおかれている状況のなかでどういう保育が必要なのかなど、学習を基本にしながら、さまざまな方の力を借りて保育内容を深めていく必要があります。施設面での課題はありますが、保護者の方の合意を得ながら異年齢の保育も実践していけたらと思います。

②保護者が安心して働き続けるために

保護者が安心して働き続けるためには制度的な保障とそれに見合う人的保障が必要です。

現在常勤、短時間パート職員あわせ、総勢五九名の職員で、朝七時から夜八時半までの延長保育と、休日保育、そして年末保育を実施しています。

延長保育対象児も今年度は昨年度を上回りました。延長保育に対する区の基準で枠が決まっていますが、委託園は人数制限がなく、向山保育園では現在、全園児（一二四名）の約三〇％が利用しています。また、スポットといって急な残業などのために延長保育を利用する人も、多い時には一〇名以上いらっしゃいます。枠がいっぱいですと断ることは簡単ですが、断ったらお母さんはどうするんだろうと思うと、職員には申しわけないのですが枠を超えて受けているのが正直なところです。

③職員が生きいきと働き続けられるために

保育園はそこで働く職員が生きいきと働き続けられることが大事です。そのためには、職員の専門性を高め、仕事に生きがいを見出し、働き続けられるための労働条件を高めていく必要があります。

現在練馬区との契約は一年契約ですので、つねに不安定な運営状態に置かれています。民間のときとは異なり、区からの運営費のみで保育園の運営をおこなわなくてはなりません。職員が安心して働き続けられるためにも運営の継続性と運営費の安定化が必要です。

④保護者とともに育ちあう関係を

この間、保護者の方々はとても複雑な思いで、子どもたちを登園させていたと思います。今後はクラス役員や運営委員の保護者の方と、子どもたちのことや保育内容について懇談会の持ち方や時間帯なども含めて相談しながら、いっしょに子どもたちを育てていきたいと思います。

⑤地域になくてはならない保育園に

今、子育ての環境はとても大変になってきています。とくに家庭で子育てしている方は、核家族のなかで子育ての継承が難しくなっているなか、保育士や看護師、栄養士など、子育ての専門家がいる保育園の果たす役割はますます大きいものがあります。

向山保育園の近くには都の認証保育所や無認可の保育所もあり、そういう施設とも交流しながら子どもたちを育てていけたらと思いますし、学校、学童クラブ、保健所、子育て支援センターなど子どもたちに関わる多くの関係機関と連携していく必要があると思っています。

6．おわりに

国は「新しい保育メカニズム」と称し、直接契約制度の導入を打ち出し、さらに、全国一律の最低基準も見直し、国は標準を示すだけで、具体的な内容は地方自治体が条例で定めればよいとしています。

練馬区は二〇〇七年六月に「区立保育園の運営業務委託検証結果報告書（概要）」を保護者に配布し、検証はすんだとして二〇一〇年より毎年、公立園を二ヵ園ずつ民営化しようとしています（二〇一〇年は四ヵ所の予定）。

こういう時代だからこそ子どもたちや保護者を守るセンターとして、公立保育園ががんばっていってほしいし、私も練馬という地で職員といっしょに新たな保育を切り開いていきたいと思います。

（二〇〇八年七月）

＊仕様書には常勤職員の条件として「（3）……常勤保育士は、各クラス一名以上保育実務経験六年以上または同等の経歴、識見、能力を有すること。さらに保育実務経験二年以下の保育士の割合を三〇％以内とするとともに、男性保育士の配置にも配慮すること。……」とあります。

また、他の職種職員についても、「（4）看護師または保健師は保育施設での実務経験がある者を配置すること。（5）雇用形態は問わないが栄養士資格を有し、集団給食の実務経験があり、アレルギー対応の経験と0歳児給食の経験を有する者を配置すること。（6）調理のうち1名以上は、集団給食の実務経験のある者を配置すること。……」とあります。

＜執筆者＞

笠本　丘生（かさもと　たかお）　第１章
練馬区の保育園民営化をめぐる住民訴訟の原告。
二人の娘の父として保育園保護者を体験。

藤沢　水音（ふじさわ　みずね）〈仮名〉　第２章
元公立保育園園長。

安川信一郎（やすかわ　しんいちろう）　第３章
多摩市こぐま保育園で保育士、園長として長年勤務。
現在、運営を受託した練馬区立向山保育園園長。

装幀　山田　道弘／写真　川内　松男

涙では終わらせない　保育園民営化―当事者の証言

2008年８月10日　　初版発行

編　者　ひとなる書房編集部
発行者　名古屋　研一
発行所　㈱ひとなる書房
東京都文京区本郷２－17－13
広和レジデンス101
TEL 03(3811)1372
FAX 03(3811)1383
Email：hitonaru@alles.or.jp

＊落丁本、乱丁本はお取り替えいたします。

印刷／モリモト印刷株式会社

ISBN978-4-89464-104-4

ほっとけない!

親たちの公立保育園民営化問題Q&A

これを読んだら勇気百倍!

ほうんねっと／編

A5判・152ページ・定価1260円

同じ問題に直面した親たちならではのアドバイス満載！《I 民営化がはじまる！ どうすればいい？／II 公立保育園の民営化にはどんな問題があるの？／III ひとりからでもできる運動、ふたりいればもっといい／IV 事例・運動例／V 民営化政策はどうつくられる？》

ISBN4-89464-096-1

民営化で保育が良くなるの?

保育の民営化問題ハンドブック

垣内国光／著

A5判・128ページ・定価1260円

「保育市場化」の動きの中で急ピッチで進められる公立保育園の民営化。全国から相談を受け続ける著者が、問題を徹底解明し、当事者が抱える悩みに実践的にこたえる関係者必携のハンドブック。《民営化がいけない２つの理由／民営化が決まってもやるべきことが、他》